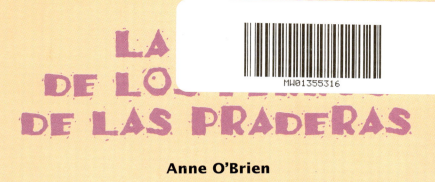

LA ~~DE LOS PERROS~~ DE LAS PRADERAS

Anne O'Brien

Contenido

Época de pioneros 2
Criaturas de las praderas 4
El ecosistema de la pradera 6
Esperanza para las praderas
en peligro de extinción 15

Harcourt

Orlando Boston Dallas Chicago San Diego

Visita *The Learning Site*
www.harcourtschool.com

Estados Unidos

Grandes planicies

Época de pioneros

Alrededor de 1850, un gran número de carretas cubiertas, en caravanas, atravesaban las inmensas praderas llevando a los pioneros. Las praderas eran las tierras planas del centro de Norteamérica. En esta página verás el mapa que muestra dónde están ubicadas estas praderas, conocidas también como las Grandes planicies.

A medida que los pioneros avanzaban, se hacía más difícil encontrar pueblos o granjas. De vez en cuando, podían ver a uno que otro hombre montado a caballo persiguiendo grandes animales peludos llamados bisontes. Estos hombres eran indígenas americanos, probablemente miembros de las tribus sioux, crow o cheyenne.

Los pioneros también cazaban animales para alimentarse y mientras buscaban sus alimentos, notaban que las plantas y los animales eran diferentes a los del Este.

Había praderas de pastizales muy altos, medianos, y cortos. Los pioneros que atravesaban las praderas de pastos altos y medianos, con frecuencia veían adorables animalitos asomando la cabeza por unos hoyos hechos en la tierra. Se parecían mucho a las ardillas sólo que tenían la cola más pequeña. Los pioneros los llamaron perros de las praderas, porque emitían sonidos parecidos a los ladridos de un perro.

Criaturas de las praderas

A los pioneros les gustaba mucho observar el comportamiento de los perros de las praderas. Era divertido verlos besarse. Estos animalitos acostumbran juntar sus dientes delanteros para asegurarse de que pertenecen al mismo grupo y esa acción parece un beso.

Los perros de las praderas son seres muy sociables. Diferentes familias comparten sus madrigueras bajo la tierra formando pequeñas aldeas. Allí, sus bebés se enrollan como conchas para estar mejor protegidos. Cuando los perros de las praderas sienten que un enemigo se acerca, emiten un sonido especial. Los científicos creen que estos animalitos pueden emitir diferentes sonidos para identificar a cada enemigo.

Las madrigueras de los perros de las praderas son cómodas y seguras. Están compuestas por un túnel de tres a diez pies de profundidad que conduce al primer nivel. Allí se encuentra un segundo túnel de unos diez a cien pies de largo. De este túnel principal se desprenden los túneles laterales, donde los perros de las praderas hacen sus nidos.

Los pioneros que poblaron las praderas deberían haber usado las madrigueras de los perros de las praderas como modelo para construir sus propias casas. Los pobladores de estas tierras construían sus casas en las faldas de las montañas que les servían como barrera contra el viento. Sin embargo, estas casas en forma de cuevas eran muy cerradas y no tenían buena ventilación. Bajo tierra, las madrigueras de los perros de las praderas están bien protegidas contra el viento, y mantienen una ventilación excelente. El túnel principal conduce el aire hacia el fondo de la madriguera, manteniéndola siempre fresca.

El ecosistema de la pradera

Un ecosistema está compuesto por el conjunto de elementos físicos de un lugar determinado, tales como colinas, llanuras y lagos. Las plantas y los animales también forman parte del ecosistema. Observa el diagrama en esta página. Este diagrama nos muestra el ecosistema de una pradera antes de que llegaran los pioneros y generaran ciertos cambios.

Los perros de las praderas estaban muy bien adaptados al clima seco de las praderas. Conseguían el agua que necesitaban para sobrevivir de los insectos, el pasto y las flores a su alrededor.

Los perros de las praderas también ayudaban a mantener el equilibrio del ecosistema en las praderas. Algunos científicos creen que estos animalitos ayudaban a fertilizar el suelo. Los perros de las praderas servían, a su vez, como alimento para otros animales que necesitaban la carne para sobrevivir.

En algún momento, vivieron en las praderas otros animales como el coyote, el hurón de patas negras, la zorra de la pradera y la culebra toro.

Los colores de estos animales los ayudaban a confundirse con la naturaleza y el paisaje, protegiéndolos así de otros animales predadores que querían cazarlos. El color amarillo y ocre de sus pieles se confundía con el color del pasto, haciendo que fuera difícil para los otros animales verlos.

En otras ocasiones, los animales utilizaban las madrigueras de los perros de las praderas para esconderse. De esta manera, los perros de las praderas ayudaba a otros animales a sobrevivir en las extensas praderas donde es difícil esconderse de los animales predadores y refugiarse del frío.

Los hurones de patas negras pertenecen a la familia de las comadrejas. Se alimentaban casi sólo de los perros de las praderas, y además se mudaban luego a sus madrigueras. Allí podían encontrar más perros de las praderas para alimentarse. Para impedir que los hurones se metieran a sus madrigueras, los perros de las praderas taponaban las entradas.

Animales como los hurones de patas negras, ayudaban a controlar el número de perros de las praderas, evitando así que acabaran con el pasto, lo cual podría generar un grave problema para el ecosistema. Al no haber pasto que protegiera la tierra, ésta se habría erosionado convirtiendo la pradera en un desierto.

    Otro animal que tomaba prestadas las madrigueras de los perros de las praderas, era la culebra toro, también llamada culebra ardilla. Estas culebras crecen hasta alcanzar los siete pies de largo y son excelentes cazadoras. Al igual que los hurones, las culebras toro acudían a las madrigueras para protegerse del frío y en busca de más alimento.

    Los pobladores de las praderas estimaban mucho estas culebras porque se comían a los ratones y otros animales que arruinaban sus cosechas. Las culebras toro no son peligrosas para los seres humanos, si no se les molesta. Mueven la cola haciendo crujir las hojas secas. De esta manera advierten a sus enemigos para que no se acerquen demasiado. Aunque no son venenosas, estas culebras pueden morder si se sienten acorraladas.

Aunque parezca sorprendente, a algunos pájaros también les gusta vivir bajo tierra. Uno de ellos es la lechuza llanera, que habitó en las praderas alrededor de 1850.

A estas lechuzas no les gustaba comer perros de las praderas. Preferían comer animales más pequeños como ratones, lagartijas y pájaros. Las lechuzas llaneras esperaban a que los perros de las praderas abandonaran sus madrigueras para mudarse a vivir en ellas. Cada año, estas lechuzas regresaban a sus madrigueras después de pasar el invierno en sus hogares en el Sur.

Las lechuzas llaneras miden casi nueve pulgadas de alto, tienen las patas largas y la cola corta. Su color castaño claro les permite confundirse con el pasto.

Los perros de las praderas no podían pasar todo el día en sus madrigueras: debían salir a buscar pasto y flores para alimentarse, aunque eso los pusiera en peligro de ser devorados por animales predadores.

Con frecuencia, el coyote y la zorra de la pradera se acercaban a los lugares donde los perros de las praderas buscaban su alimento. Aunque los perros de las praderas pueden correr distancias cortas alcanzando velocidades de 35 millas por hora, les era muy difícil escapar de sus veloces enemigos, siempre al acecho.

Aunque el coyote y la zorra mataron muchos perros de las praderas, también hicieron de la pradera un lugar más amigable para éstos y otros animales. Los coyotes y zorras ayudaban a controlar la propagación de bacterias que producían enfermedades en la pradera, al comerse los cuerpos en descomposición de otros animales.

Los bisontes son los animales más grandes de Norteamérica. Ellos ayudaban a los perros de las praderas y nunca les hacían daño.

Grandes manadas de bisontes vivían en las praderas y se alimentaban de los mismos pastos y flores que los perros de las praderas. A los bisontes no les gustaba comer demasiado, y preferían buscar pastos frescos.

Los perros de las praderas se mudaban a los lugares que los bisontes acababan de dejar, y allí construían sus madrigueras. El pasto corto era perfecto para ellos. Los bisontes servían como podadoras de pasto, cortándolo muy bajito. Eso les permitía a los perros de las praderas espiar a sus enemigos a largas distancias.

Algunas aves, como las gallinas de la pradera, también vivían en la tierra. Estos animales tampoco representaban un peligro para los perros de las praderas, ya que se alimentaban principalmente de insectos.

Las lagartijas, los sapos y las zorras de la pradera también se alimentaban de insectos. El plato favorito de las zorras eran los saltamontes. Los saltamontes representaban una verdadera amenaza para los pobladores de las praderas. Estos insectos podían acabar con los cultivos en minutos. Por esa razón, los pobladores de las praderas vivían muy contentos con la ayuda que les prestaban las zorras de la pradera que se comían a los saltamontes.

No todos los insectos se alimentaban de las plantas de la pradera. Los escarabajos carroñeros, el coyote y la zorra, también se alimentaban de animales muertos.

El halcón pardo también formaba parte del ecosistema de las praderas. Éste es el miembro más grande de la familia de los halcones que habitan en Norteamérica. El halcón pardo habitaba en las planicies cerca de los bosques y las montañas, ya que necesitaba de los árboles y precipicios rocosos para poder construir sus nidos. Este halcón también cazaba perros de las praderas para alimentarse.

Muchas aves pequeñas como las alondras de la pradera, volaban en el cielo de estas planicies. Estas aves se alimentaban de insectos y semillas, y a su vez, servían de alimento para coyotes y zorras.

El zopilote, junto con la zorra, el coyote y el escarabajo carroñero ayudaban a limpiar la pradera de los animales muertos y a prevenir que los gérmenes se esparcieran.

Esperanza para las praderas en peligro de extinción

Alrededor de 1850 la pradera cubría miles de acres. Más tarde, el crecimiento de las ciudades, los pueblos y las granjas, se convirtieron en un peligro para el ecosistema de las praderas.

A los bisontes se los cazó hasta mediados de la década de 1880, cuando ya quedaban pocos. Hoy, los bisontes sólo pueden encontrarse en parques y reservas que se encuentran protegidos.

Los perros de las praderas también se mudaron a tierras donde el ganado mantenía los pastos cortos. Pero allí también habitaba gente. Los granjeros querían plantar trigo, construir establos para los caballos o criar ganado en estas tierras donde ahora habitaban los perros de las praderas. Para expulsarlos de sus tierras, los granjeros echaban veneno en sus madrigueras. Hoy, los perros de las praderas deben ser protegidos, pues están en vías de extinción.

Al igual que los perros de las praderas, otros animales del ecosistema que dependían de ellos están desapareciendo. Muy pronto, será difícil encontrar zorras de la pradera, gallinas de pradera, o hurones de patas negras.

Recientemente la gente ha comenzado a entender la importancia de salvar a los perros de las praderas para mantener viva la pradera. Grandes grupos de perros de las praderas han construido sus aldeas en Wind Cave National Park, Devil's Tower National Monument, y en Wichita Mountains Wildlife Reserve. Otro lugar que ha servido de hogar para los perros de las praderas es un parque en la ciudad de Santa Fe, en Nuevo México.

Quizá algún día puedas visitar uno de estos parques y disfrutar de la belleza de las praderas.